RÉCIT

DE LA CONDUITE

TENUE

PAR LES COMMISSAIRES

DE LA

CONVENTION NATIONALE

ET LE

MINISTRE DE LA GUERRE,

ENVOYÉS

A L'ARMÉE DE LA RÉPUBLIQUE

COMMANDÉE

PAR DUMOURIEZ;

DE LEUR ARRESTATION

ET DE LEUR

TRANSPORT A MÆSTRICHT.

Par un témoin oculaire.

Avec un précis des principaux faits de leur voyage & captivité jusqu'à leur retour dans la République.

A PARIS,

NIVOSE, AN IV.

Septi ar... .. per urbes inceſſere, nemo ſupplici vu
ſed a...s plauſus ac laſciviam inſultantis v
immo.... In cuſtodiam conditi. Nihil quiſq
locut.. indignum, &, quanquam inter adve
ſalva vi..tis fama.

TACIT. Hiſt. Lib. 4. cap.

J'ai eu l'avantage d'accompagner les commiſſaires de la Convention nationale & le miniſtre de la guerre, depuis l'inſtant de leur départ de Paris, juſqu'à leur arrivée à Mæſtricht. J'ai été témoin de toutes leurs démarches, de toutes leurs actions ; j'ai entendu ce qui leur a été dit & ce qu'ils ont dit : un geſte même ne m'auroit pas échappé : & j'avois tellement obtenu leur confiance que leurs réflexions particulières, & leurs ſentimens les plus intimes n'ont pas été ſecrets pour moi. C'eſt d'après ces connoiſſances que je préſente à ma patrie le récit fidèle de ce qui s'eſt paſſé ſous mes yeux ; je ne crois pas devoir me nommer en ce moment : mais j'avertis ceux qui ſeroient tentés de contredire mon récit, de réfléchir ſérieuſement avant de le faire, car j'ai la certitude que je ne dis rien que de vrai ; & comme j'eſpère bien que les commiſſaires & le miniſtre rentreront un jour dans leur patrie, ils donneroient alors des démentis formels (j'en ſuis aſſuré) à quiconque m'auroit attaqué ſur le plus léger détail. Ces démentis ſeroient d'autant plus déſagréables qu'il ſeroit impoſſible que les quatre commiſſaires & le miniſtre ne s'accordaſſent pas unanimement pour les donner.

Les commiſſaires de la Convention nationale, Camus, La Marque, Quinette, Bancal, nommés

A 2

par le décret du 30 Mars (1793) pour fe tranf-
porter à l'armée commandée par Dumouriez, &
pour fe rendre au quartier de ce général, font
partis le même jour 30, à huit heures du foir.
Le miniftre de la guerre, Beurnonville, avec lequel ils devoient faire route, leur avoit demandé
jufqu'à fept heures pour achever des opérations
indifpenfables relativement aux vivres & aux ap-
provifionnemens des armées. Les apprêts du voyage
ont retardé le départ de quelques momens: tout
le monde s'eft rendu à l'hôtel de la guerre. On
eft forti de Paris à neuf heures. Les commiffaires
emmenoient pour fecrétaire, Foucaud, l'un des
fecrétaires-commis des archives ; le miniftre avoit
avec lui un aide-de-camp, Menoire, & un fecrétaire, Villemur. On a couru nuit & jour fans
arrêter finon qnelques inftans pour des néceffités
abfolues, ou pour le temps de faire chercher des
chevaux la nuit du dimanche au lundi à Douai ;
où, à défaut de chevaux de pofte, on prit des
chevaux d'artillerie.

Dans la route, le dimanche à huit heures du
matin, il fut fait rencontre d'un courier extraordinaire, porteur de dépêches adreffées par Dumouriez au miniftre. Celui-ci les ouvrit. Elles
étoient fur le même plan que celles du 28 : grandes plaintes de l'armée ; plaintes infolentes contre
la Convention. Dumouriez y avoit joint un arrêté
des commiffaires de la Convention rappellés par le
décret du 30, qui le mandoient à Lille pour leur
rendre compte de fa conduite ; une lettre, par
laquelle il leur avoit déclaré ne pouvoir pas faire

le voyage de Lille , leur ajoutant qu'eux - mêmes pouvoient se transporter auprès de lui ; deux exemplaires imprimés d'une proclamation qu'il venoit d'adresser au département du Nord, & dans laquelle il exposoit ses nouveaux principes. La Convention a eu connoissance de ces pièces qui lui ont été lues.

A midi, les commissaires passèrent à Roye. Ils y rencontrèrent Treilhard qui revenoit à Paris, conformément à un décret antérieur à celui du 30, qui, sur sa demande, avoit autorisé son retour. Treilhard leur parle seulement de l'arrêté, dont ils avoient lu la copie jointe aux dépêches de Dumouriez. Bécourt , officier qui commandoit à Lille, passoit dans le même temps ; il dit que Dumouriez le renvoyoit à Paris sans qu'il sut pourquoi. Des commissaires du pouvoir exécutif, qui avoient quitté la Flandre & le Brabant, revenoient alors aussi par Roye, & plusieurs d'entre eux s'entretinrent quelques momens avec les commissaires de la Convention. Tous furent témoins de l'empressement que les commissaires de la Convention & le ministre avoient, d'être rendus au quartier de Dumouriez , pour remplir l'importante mission qu'on leur avoit confiée.

Au passage à Péronne, un second courier, expédié par Dumouriez , remit au ministre de nouvelles dépêches. Il y marquoit qu'il avoit quitté Tournai , & qu'il se renfermoit dans les camps de Maulde & de Bruille. Beurnonville ordonna à ce courier de continuer sa route pour rendre à Paris les dépêches dont il étoit porteur ; il y joignit celles qui lui avoient été remifes le matin , les commiffaires & le miniftre retinrent le premier courrier , fe propofant de le dépêcher à la Convention auffitôt qu'ils auroient exécuté les premieres mefures, dont ils étoient chargés. Le fecond courrier leur apprit que Dumouriez avoit fon quartier à St. Amand.

Les nouvelles lettres de ce général, les actes auxquels il venoit de fe porter, finguliérement fa proclamation au Département du Nord. perfuadoient de plus en plus les commiffaires de la néceffité de faire la plus grande diligence pour fe rendre auprès de lui, le forcer de fe déclarer, trancher le fil de fes complots & en rechercher toutes les branches ou mettre la Convention en état de les découvrir. Leur efprit étoit plein des idées que leur infpiroit la grandeur du fervice qu'ils rendroient à leur patrie, en forçant Dumouriez ou à fe foumettre à la loi, ou à jetter le mafque dont il s'étoit trop long-temps couvert. C'étoit l'objet de leurs converfations entre eux ; c'étoit l'objet de leurs entretiens avec Beurnonville qu'ils trouvoient animé des mêmes fentimens. Arrivé à Douai on délibéra fi l'on iroit en droiture à St. Amand, ou bien fi l'on pafferoit à Lille , où étoient les membres de la première commiffion. Le plus court auroit été d'aller droit à St. Amand, mais il parut indifpenfable de fe rendre auprès des premiers commiffaires pour ne pas agir fans les avoir prévenus du décret du 30, & pour recueillir d'eux les faits les plus récens dont ils devoient être inftruits. Les nouveaux commiffaires entrèrent à Lille avec le général vers huit

heures & demi du matin, & s'étant fait inftruire
du logement de leurs collègues ils defcendirent à
la maifon qu'ils occupoient. Il me femble voir encore la falle dans laquelle les commiffaires entrèrent : une grande pièce au rez de chauffée, où
Merlin étoit en robe de chambre occupé à écrire.
Les trois autres, Goffuin, la Croix & Robert furent appellés. Ils defcendirent des chambres qu'ils
avoient dans la même maifon, tous en robe de
chambre ou en habit du matin, comme on eft chez
foi, paifiblement & tranquille, à travailler. On
s'embraffa, on lut enfemble le décret : on rendit
compte des arrétés pris pour mander Dumouriez.
J'entendis la Croix dire ces mots & pas d'autres :
fi l'on avoit fuivi mon avis, nous nous ferions
tranfportés dès-hier au camp & nous l'aurions
deftitué ; je l'aurois arrêté & vous l'auriez amené.
Les autres oommiffaires ajoutèrent, que quand on
les avoit avertis de l'arrivée des nouveaux membres de la Convention, ils alloient s'affembler
pour délibérer fur la conduite qu'ils avoient à tenir
dans le jour ; que, la veille, des rapports inquié-
tans fur la conduite de Dumouriez s'étoient mul-
tipliés ; qu'on leur avoit parlé de propos tenus à
table où il étoit avec la citoyenne Egalité ; Merlin
donna même lecture d'une déclaration fignée, par
laquelle on leur dénonçoit que, le 28 ou le 29,
Dumouriez avoit mangé avec les généraux ennemis
à Mons. Les anciens commiffaires dirent encore à
leurs collègues qu'ils avoient préparé une ferie de
queftions pour interroger Dumouriez , & qu'ils
alloient la leur remettre, leur intention étant de

partir le foir même pour Paris ; mais les nouveaux commiffaires ne prirent pas cette ferie de queftions, parce qu'ils obfervèrent que leur miffion n'étoit pas d'interroger Dumouriez. Les anciens commiffaires fe retirèrent quelque temps dans une de leurs chambres, revinrent enfuite dans la falle où l'on déjeùna, & remirent aux nouveaux commiffaires quelques papiers d'affaires à expédier, entre autres le portefeuille de Jaubert qui avoit fervi en qualité d'aide-de-camp le général d'Alton dans la première révolution de Flandre, & qu'ils avoient fait arrêter à Lille. Les nouveaux commiffaires propofèrent à leurs collègues de fe charger d'une lettre, pour annoncer à la Convention leur arrivée à Lille & leur départ pour St. Amand. Ils exprimèrent dans leur lettre, d'après ce que leurs collègues venoient de leur dire de l'objet qu'ils devoient traiter dans la matinée, qu'ils les avoient trouvé occupés des mêmes mefures, que la Convention avoit chargé fa nouvelle commiffion d'exécuter. Cette obfervation parut faire plaifir aux commiffaires. La lecture du décret du 30, changea leur intention première, & ils n'en montrèrent plus d'autre que celle de partir pour Paris.

On avoit efpéré que l'on trouveroit à Lille, Carnot qui étoit de la commiffion. Il étoit parti pour Arras. On lui écrivit par un courier extraordinaire, de fe rendre fur le champ à Douai, où l'on fe propofoit, foit de l'aller retrouver, foit de lui marquer dans quel lieu il devoit rejoindre la commiffion.

Le général Duval, la Valette commandant de la place, plusieurs autres officiers se rendirent près des nouveaux commissaires. Beurnonville étoit avec eux. Il fut question de la route à prendre pour St. Amand. On pouvoit y aller par Orchies, mais on étoit exposé à rencontrer sur le chemin, des partis ennemis. La route étoit plus sûre en repassant par Douai, mais elle étoit plus longue. La plus courte, celle d'Orchies, fut préférée. Duval commanda une escorte de 50 hommes de la légion de St. Georges à cheval. St. Georges se mit à leur tête ; l'impatience que les commissaires & le ministre avoient d'être sur la route de St. Amand, ne put être satisfaite qu'à midi.

On se trouva à Orchies vers quatre heures. L'escorte de la légion de St. Georges auroit été fatiguée si elle eut poussé plus loin, d'autant qu'elle ne pouvoit coucher ailleurs qu'à Orchies ou il auroit fallu qu'elle revint de St. Amand. Un escadron de hussards commandé par Miazinski étoit cantonné à Orchies, Beurnonville proposa de prendre 30 hommes de cet escadron. Les commissaires y consentirent mais ils demanderent que Miazinski ne vint pas avec le détachement parce qu'il leur étoit suspect. Beurnonville dit qu'il lui ordonneroit d'envoyer seulement un lieutenant, les commissaires observèrent encore à Beurnonville qu'il faudroit renvoyer l'escorte avant d'arriver à St. Amand. J'avois entendu leurs réflexions à cet égard ; les mêmes motifs qui les avoient déterminés dans la séance même de la Convention, le 30 au matin, à faire rejetter la motion de Cambon qui proposoit

de leur donner une marque diſtinctive, ou de prendre tout autre moyen pour leur aſſurer le reſpect
qui leur étoit dû, les déterminoit encore à ſe pré-
ſenter ſeuls devant Dumouriez. Ils ne vouloient pas
que ce général put avoir jamais un prétexte de dire
qu'on l'avoit environné d'une force armée pour le
ſurprendre ; ils penſoient que s'il étoit encore fidèle
à la République , les repréſentans qu'elle lui en-
voyoit ſeroient d'autant plus reſpectés qu'ils pa-
roîtroient ſans aucun cortège ; ils penſoient que ſi,
au contraire, la trahiſon étoit déjà conſommée dans
ſon cœur, une eſcorte ſeroit abſolument inutile
contre des forces infiniment ſupérieures, on donneroit lieu à des ſcènes tragiques dont Dumouriez
abuſeroit pour tromper l'armée & calomnier aux
yeux de la nation la Convention & les commiſſaires ; mais que ſi les actes aux quels il ſe porte-
roit contre les commiſſaires étoient deſtitués
même de prétexte, ils ouvriroient certainement les
yeux de l'armée qu'il avoit pu tromper, mais dont
il n'avoit pas pu éteindre le patriotiſme, & réu-
niroient par l'évidence des faits toute la République dans une ſeule & même penſée. Ils inſiſ-
terent encore ſur ces idées dans une converſation
qu'ils eurent avec le miniſtre à Orchies, pendant
que le détachement des huſſards ſe préparoit. On
mit en queſtion ſi l'on s'arrêteroit à St. Amand ;
on bien ſi l'on iroit juſqu'aux bains où Dumouriez
avoit établi ſon quartier. Beurnonville penſoit que,
ſi l'on s'arrêtoit à St. Amand & que de là on mandat Dumouriez, ſon obéiſſance ou ſa déſobéiſſance
pourroient déterminer les meſures anterieures ; mais

le refus deja fait par Dumouriez de fe rendre
à Lille fur la demande des premiers commiffaires ;
la crainte de quelque nouvelle rufe de fa part
pour ne pas paroitre ; la crainte qu'il ne s'échap-
pat avant qu'on eut pu lui donner connoiffance du
décret & le conftituer ainfi dans un état de défobéif-
ance formelle ; enfin la volonté ferme d'exécuter
le décret tel qu'il étoit prononcé & d'en rendre
compte fans délai à la Convention, l'emporterent ;
& il fut décidé qu'on ne s'arréteroit pas avant
d'avoir joint Dumouriez en perfonne.

Cependant l'ordre donné par Miaziuski aux huffards
s'exécutoit lentement, Miazinski fe tenoit à la portière de la voiture des commiffaires, les engageant
à fe rafraichir ; leur annonçant qu'il alloit les accompagner ; affectant de leur parler de fa foumiffion
aux loix & cherchant furtout à faire paffer le
temps. Les commiffaires le remercioient de fes
attentions ; ils l'invitoient à ne pas les accompagner
lui-même : un lieutenant fuffifoit ; mais ce qu'ils
défiroient fur-tout, ne ceffoient-ils de lui dire, c'étoit
que les huffards fuffent à cheval & qu'on partit. Près
d'une demie heure s'étoit paffée ; Miazinski s'étoit
écarté un inftant ; les voitures partent fans efcorte.
Un officier court à la voiture de Beurnonville, le
priant d'attendre une minute ; les commiffaires de-
mandent que l'on ne fufpende plus la marche, mais
que l'officier coupable de retards fi longs & fi dé-
placée, foit puni. L'efcorte rejoint quelque temps
après ; Je vois Miazinski paroître : Camus l'arrête
au nom de fes collégues & lui reprochant fes len-
teurs dont on a vu les fruits à Aix-la-Chapelle, lui

déclare qu'il ne mérite pas l'honneur d'être de l'escorte & lui enjoint de se retirer. Miazinski s'éloigne confus. J'ai vu un homme envoyé par Miazinski apporter le soir à Camus, chez Dumouriez, une lettre où il se plaignoit amèrement de ce qu'il l'avoit durement renvoyé. Les commissaires n'eussent-ils pas du faire plus s'ils eussent pu être instruits alors de toute sa conduite ? En entrant à St. Amand, j'ai vu un officier des hussards commandés par Miazinski qui revenoit du quartier général & retournoit à Orchies. Ne venoit-il pas d'annoncer l'arrivée des commissaires ? N'étoit ce pas pour avoir le temps d'envoyer son émissaire & pour donner à Dumouriez celui de faire quelques préparatifs, que l'escorte avoit été si longue à monter à cheval ? Effectivement, j'ai su depuis, que Dumouriez n'avoit été instruit de l'arrivée des commissaires que très peu de temps avant qu'ils parussent à une demie lieue de St. Amand, les hussards de Miazinski se retirèrent après avoir averti les commissaires & le ministre de leur départ.

Les dispositions de Dumouriez furent promptes, & les hussards de Berchini qu'il avoit près de sa personne, furent plus alertes que ceux de Miazinski. Uu peu au de là du milieu du bourg de St. Amand, il parut un détachement de 20 a 30 hussards qui entourèrent la voiture du général, laquelle étoit en avant, & qui se trouverent ainsi pareillement en avant de la voiture des commissaires. On annonça qu'ils étoient envoyés par honneur, de la part de Dumouriez. Je fus surpris d'une telle attention, d'autant que je n'ai jamais ouï dire qu'à Liège où les membres de la Convention ont refidé long-temps avec lui, il leur ait fait rendre beaucoup d'honneurs militaires : & les commiffaires durent faire auffi quelques réflexions fur cette efcorte qui les accompagna pendant environ un quart de lieue, du bourg de St. Amand aux bains de St. Amand.

Le quartier général étoit établi aux bains, dans une maifon qui avoit, en avant, une cour affez grande. Il étoit environ fix heures : je vis les voitures entrer & les huffards demeurer en faction aux portes. Leur nombre augmenta dans la foirée ; les chevaux demeurerent attelés aux voitures. On parla, dans le cours du temps, de renvoyer les chevaux & de payer les poftillons. Dumouriez & Valence dirent qu'ils attendroient bien ; Foucaud, fecrétaire de la commiffion, n'étant pas d'abord dans la maifon faifoit des effets inutiles pour y pénétrer ; les gens de l'état-major ne ceffoient d'aller & venir. Pour moi je ne reftai pas dehors, & voici ce que je vis dans l'intérieur de la maifon.

Dumouriez étoit dans une grande pièce avec une partie de fon état-major, fon valet de chambre-capitaine (Baptifte), & plufieurs autres valets en uniforme, tels que de Bannes, général de brigade, les colonels Nortmann & Clerc. Valence étoit là, la tête ceinte d'un bandeau noir, & couverte d'un bonnet qui cachait les bleffures que les autrichiens lui avoient faites à Nerwinde : il les leur avoit pardonnées. Beurnonville & les commiffaires entrent. Dumouriez étoit froid, embaraffé ; il demande les noms des commiffaires autres que Camus, qui lui étoit affez connu ; il fait compliment à Quinette & à Bancal fur ce qu'il a entendu parler d'eux comme d'hommes fages : il ne dit rien à Lamarque. " Vous venez apparemment pour me » faire arrêter, dit-il enfuite." On lui répond : *Point du tout.* Beurnonville lui préfente le décret, en demandant fi l'on vouloit fe retirer à part pour en prendre lecture ? les commiffaires obfervent que la notification du décret doit être publique. Le décret eft lu. Dumouriez déclare qu'il n'ira point à Paris ; qu'on veut l'y faire affaffiner ; & voilà fes déclamations contre Marat, contre les Jacobins &c. Il commençoit à s'échauffer. Beurnonville, dans le deffein & l'efpérance de ramener Dumouriez, & du confentement des commiffaires, lui propofe une conférence particulière avec Valence. Tous trois fe retirent dans un cabinet fitué à l'extremité de la pièce où ce que je viens de rapporter fe paffoit. Les commiffaires demeurent dans la grande pièce. Jé promenois mes regards tantôt fur eux, tantôt fur ces hommes habillés de bleu qui fembloient n'attendre que le mot pour fe faifir de leur proie. Le fang froid & la tranquillité des commiffaires faifoit contrafte avec l'agitation de l'état-major. Thouvenot l'ainé, chef de l'état-major, Thouvenot qui n'auroit jamais pu efpérer dans l'ancien régime, de parvenir au grade d'officier fupérieur (maréchal de camp) qui lui avoit été conféré après la bataille de Jemmape, Thouvenot que les commiffaires avoient comblé d'éloges pour fa conduite lors des déroutes des premiers jours de mars, Thouvenot ne ceffoit d'aller & de venir pour donner des ordres rélatifs fans doute a l'arreftation des commiffaires, & à l'interception de toute communication avec l'armée de la République. Devaux un des aides-de-camp, fut invité par les commiſſaires à faire ceſſer ces courſes, elles ſe prolongèrent, Beurnonville ayant été averti de rentrer pour mettre l'ordre, Dumouriez ſortit, portant ſur ſa phyſionomie des traces d'émotion & beaucoup d'agitation. Le miniſtre avoit employé envers Dumouriez, tous les moyens que l'amitié & la perſuaſion peuvent ſuggérer; il lui avoit même fait verſer des larmes: ſans doute ſa parole étoit déjà engagée aux ennemis.

Les commiſſaires revinrent au décret & à la néceſſité de l'exécuter. La réſiſtance de Dumouriez étoit la même. Il prétextoit toujours la crainte d'être aſſaſſiné. On lui repréſentoit le peu de fondement de ſes terreurs, la tranquillité qui regnoit à Paris. Deux des commiſſaires lui offroient même de l'accompagner; ils lui garantiſſoient ſur leur tête ſa ſureté perſonnelle. Tantôt Dumouriez faiſoit des reproches particuliers aux commiſſaires; tantôt il prétendoit qu'il n'avoit en vue que le ſalut de la France. Il lui échappa de dire que ſi on l'attaquoit il ſe defendroit. Les commiſſaires levent un œil ſevère ſur l'état-major. Nous ne ſommes pas ici, diſent-ils, au milieu d'Autrichiens, nous penſous être avec des français qui reſpecteront la loi. Pluſieurs voix s'élévent & crient; *Ouï nous ſommes françoi:* ſoit que l'amour de la patrie & la fidélité aux ſermens ne fuſſent pas encore éteints dans le cœur de tous, ſoit que l'ordre fut donné de prolonger la perfidie & de la voiler juſqu'à l'inſtant où le ſignal ſeroit donné pour la faire éclater.

Cette action grave & imposante fut un instant interrompue par la scène ridicule d'un misérable paillasse. J'avois apperçu le valet de chambre Baptiste, l'ami de Dumouriez, sortir. Je croiois qu'il alloit donner quelques ordres. Cinq ou six minutes après, il pousse la porte avec précipitation & reparoît en s'écriant: *Messieurs, pendant que vous délibérez, l'ennemi s'avance & arrive sur trois colonnes.* Si Baptiste fit bien alors un role de caractère, les autres personnages conservèrent également le leur. Un des commissaires prononça d'un ton ferme & au nom de tous : *Baptiste doit être mis en état d'arrestation pour être venu troubler l'exécution de la loi par l'annonce de fausses nouvelles.* Dumouriez dit , mais pour la forme seulement, à un vieil officier pesant, *d'aller voir.* Beurnonville s'écria: *Quelle est donc cette couillonade? Est-ce à plus de six heures du soir que les ennemis marchent sur trois colonnes.* Le sérieux se rétablit. J'étudiois sur la physionomie des commissaires leurs sentimens & leur marche. J'y voyois une sage réserve qui appréhendoit de rien précipiter ou de donner lieu à dire qu'on avoit manqué de quelques égards pour le vainqueur de Jemmape. Leur modération étoit sans foiblesse, mais ils ne craignoient pas de se montrer faciles à suivre Dumouriez dans toutes ses objections, parce qu'ils étoient certains qu'au moment de la décision ils ne se trouveroient pas écartés d'une ligne de la route de leurs devoirs. Ils comptoient les heures, ils voyoient qu'ils pouvoient donner encore quelques instans à essayer les moyens de persuasion. La présence des

com-

compagnons de Dumouriez paroiſſant nuire au calme qu'il devoit mettre dans la converſation, on lui propoſe de rentrer dans le cabinet. Il y paſſe avec les commiſſaires Beurnonville & Valence. On ne m'a rien laiſſé ignorer de ce qui y fut dit. On eſſaya d'attaquer Dumouriez par les principes : Qu'il étoit impoſſible qu'un Etat quelconque ſubſiſtat, ſi un particulier ſe mettoit audeſſus de la loi ; qu'un général ne pouvait pas juger les loix, pas plus que tout autre citoyen ; que ſon armée étant celle de la République, il ne pouvoit pas lui donner des ordres contraires aux volontés de la République. On eſſaya, par des exemples récens, de le dé-tourner du précipice où il alloit ſe jetter. Vou-droit-il ſuivre les traces de la Fayette dont il avoit condamné la conduite & auquel il avoit ſuccédé ? Etre mépriſé comme lui ? Perdre en un inſtant le fruit de tous ſes combats & de ſes victoires ? Il avoit goûté combien il étoit flattant d'être chéri de la nation, voudroit-il devenir l'objet de ſa haine ? Dumouriez, embarraſſé & plein de projets qu'il étoit impatient d'exécuter, répétoit aux commiſ-faires, que la France marchoit à ſa ruine, & qu'il vouloit la ſauver malgré elle, il leur demandoit avec inſtance, qu'ils le deſtituaſſent. Pluſieurs fois il demanda, qui donc, pendant ſon abſence, com-manderoit ſon armée affoiblie & ſuivie par un nombreux ennemi, & ſur-tout par une immenſe cavalerie ? Beurnonville lui répondit, qu'il la com-manderoit lui même s'il le falloit ; & qu'il aſſuroit, que l'ennemi ne pénétreroit pas ſur le territoire françois. Vous ſavez, ajoutoit-il, que je connois

B

parfaitement cette frontière, qu'elle n'a jamais été insultée tant que j'y ai commandé ; qu'avec un camp de 3000 hommes j'ai contenu 20000 Autrichiens. C'est-à-dire, reprenoit Dumouriez, que vous êtes venu pour me souffler mon commandement. Comment pouvez-vous faire cette supposition ? répliquoit Beurnonville. Si j'ai accepté le ministère, ce n'a été que par obéissance & pour mettre les armées en état, pendant que la mienne, que je chéris, est dans l'inaction. Sans la déroute de la vôtre, je serois à mon poste sur les bords de la Moselle ; je l'ai proposé à la Convention, les commissaires en sont témoins. Je vous donne bien ma parole de ne pas rester à votre armée, & vous savez que je ne donne pas ma parole en vain.

Valence vouloit qu'au lieu d'obliger Dumouriez d'aller à la barre de la Convention, les commissaires l'interrogeassent eux-mêmes ; qu'ils envoyassent deux d'entre eux à Paris, pour obtenir des pouvoirs à cet effet, s'ils le jugeoient nécessaire ; qu'ils remissent au moins au lendemain.

Toutes ces propositions tendoient à engager les commissaires à composer avec leurs devoirs : c'étoit la chose impossible. Huit heures du soir s'approchoient. Il ne restoit plus que le temps nécessaire pour arrêter entre eux la manière d'exécuter le décret, dépêcher un courrier qui arrivat à la Convention pendant la tenue de la séance du Mercredi matin, faire arrêter les officiers suspects & saisir leurs papiers. Les commissaires sortirent à huit heures du cabinet, traversèrent la pièce qui le précédoit, & entrèrent seuls dans une autre pièce vis-à-vis, féparée feulement par un corridor. Ils avoient laiffé Dumouriez entre les mains de Beurnonville, qui leur répondoit de fa perfonne.

L'impreffion que caufoit fur leur ame foit la gravité des circonftances, foit l'influence que la fidélité à leur mandat auroit par rapport au falut public, fe montroit ouvertement fur leur vifage. Ils délibérèrent environ pendant une heure fur la meilleure manière d'exécuter le décret, fort tranquillement, quoique déjà ils viffent bien qu'ils étoient environnés d'une force armée confidérable & toute dévouée à Dumouriez. On agita un inftant, fi l'on ne remettroit pas au lendemain matin, & fi l'on ne commenceroit pas par faire affembler l'armée. Ce parti fut rejetté, parce que les commiffaires ne crurent pas qu'il leur fut permis de laiffer le cours de la journée finir fans avoir exécuté la loi, & fans avoir rendu compte de fon exécution. Il fut rejetté encore, parce qu'il femble que ce feroit appeller en quelque forte à l'armée, de l'exécution de la loi portée par la Convention.

On rentra vers neuf heures. La falle étoit beaucoup plus pleine qu'une heure au paravant. Dumouriez avoit appellé tous fes fatellites. Le frère de Thouvenot, l'écuyer, prévôt de la gendarmerie, l'homme du monde le plus rampant, le plus vil flatteur ; Devaux, dénoncé aux commiffaires comme très fufpect ; un des membres du comité batave, nommé Denife, fcélérat froid & formé de longue main à fervir, pour de l'argent, les plus abfurdes projets ; Romme, aide-de-camp ; Rainville, autre aide - de - camp ; que les commiffaires avoient fait pourſuivre pour raiſon de déprédations commiſes lors de l'entrée à Bruxelles, ſur les effets de Lambéſc & de Chriſtine; les filles Fernig, ces jeunes guerrières, que la République avoit tirées du rang de ſimples ſoldats, pour leur donner le même traitement qu'à des officiers attachés à l'état-major : ces citoyennes, dont la maiſon ruinée par les ennemis, avoit été rebâtie aux frais de la République d'après un décret de la Convention: toutes ces perſonnes & une multitude d'autres étoient réunies. Un ſeul homme étoit là ſans armes ; il avoit été attentif à ne pas laiſſer échapper un ſi beau moment de faire ſa cour au général : c'étoit Menuret premier médécin de l'armée. Je crus auſſi y rémarquer deux officiers étrangers, & voir le lendemain ces mêmes officiers à Mons. Valence n'étoit pas dans la ſalle à l'inſtant où les commiſ-ſaires rentrèrent; ils le firent appeller, parce que, ne pouvant pas ſoupçonner ſa trahiſon, c'étoit à lui qu'ils ſe propoſoient de confier le commande-ment de l'armée ſous la ſurveillance de Beurnonville.

Dumouriez étoit auprès de la cheminée ; les commiſſaires à côté de lui. Camus avoit été chargé de lui faire connoître les réſolutions priſes en com-mun : — Vous connoiſſez le décret de la Conven-tion nationale, qui vous ordonne de vous rendre à ſa barre, voulez-vous l'exécuter ? — Non. — Vous déſobéiſſez à la loi. — Je ſuis néceſſaire à mon armée. — Par cette déſobéiſſance vous vous rendez coupable. — Allons, enſuite. — Nous voulons, aux termes du décret, mettre le ſcellé ſur vos papiers. — Je ne le ſouffrirai pas. Et, en même temps, il donne des ordres pour que ſes gens mettent ſes papiers en ſureté. — Quels ſont les noms des officiers qui ſont ici préſens ? — Ils les donneront eux-mêmes. Il s'élève des cris tumultueux : *Je m'appelle Devaux ; je m'appelle Deniſe*. Dumouriez : *Voici les demoiſelles Fernig*. Une d'elles : *c'eſt affreux*. Le tumulte calmé, les commiſſaires reprennent : Nous mettrons le ſcellé ſur les papiers de ces officiers. — Point du tout. Tout cela ne tend qu'à entraver mes opérations : c'eſt une inquiſition. — Vu votre déſobéiſſance à la loi, (en s'adreſſant à Dumouriez) nous vous déclarons que vous êtes ſuſpendus de vos fonctions. Les officiers préſens : ſuſpendu ! Nous le ſommes tous ; on veut nous enlever Dumouriez ; Dumouriez notre père, Dumouriez qui nous mène à la victoire. Dumouriez : Allons donc, il eſt temps que cela finiſſe. Je vais vous faire arrêter : Lieutenant, appellez les huſſards. Vingt-cinq huſſards de Berchini ſe précipitent dans la ſalle. Les officiers de l'état-major s'écartent, les commiſſaires ſont entourés. Dumouriez : Arrêtés ces Meſſieurs : & ſaiſiſſant le bras de Beurnonville : Mon cher Beurnonville, vous ſerez arrêté auſſi. Meſſieurs, vous me ſervirez d'otages. Beurnonville aux huſſards : Je crois que vous reſpecterez le miniſtre de la guerre, c'étoient des muets ; ils ne répondent pas ; les commiſſaires à Dumouriez : puiſque nous ſommes arrêtés, nous ne devons pas demeurer avec vous ; faites nous conduire dans une autre pièce. — On va vous y conduire : vous ne manquerez de rien ; on aura tous les égards qui vous ſont dus.

Les commissaires, Beurnonville, son aide-de-camp, son secrétaire, sont conduits dans la même pièce où les commissaires s'étoient retirés pour délibérer. Les vingt cinq hussards qui les avoient arrêtés, les y suivent. En même temps on alla avertir Foucaud, qui ne pouvant pas entrer, s'étoit assis dans sa voiture. On y prit le portefeuille de la commission, ainsi que des livres, papiers, pistolets, qui étoient dans la même voiture & dans les autres. Le portefeuille du ministre fut pareillement pris dans sa voiture. Foucaud entra dans la salle où étoient les commissaires. La promesse de Dumouriez, qu'on auroit des égards pour eux, & qu'ils ne manque-roient de rien, n'étoit pas sérieuse. On les laissa manquer de feu quoiqu'il fit tres froid ; on ne leur apporta qu'après bien des demandes reïterées leurs manteaux dont ils avoient besoin pour se couvrir ; on ne leur offrit rien de ce qui pouvoit leur être nécessaire : pas même à Menoire, l'aide-de-camp de Beurnonville, qui, étant parti malade de Paris éprou-voit dans ce moment un frisson violent ; mais tout cela paroissoit inquiéter peu les commissaires ; & moi même j'étois occupé d'objets plus intéressans.

J'avois été frappé de la sérenité avec laquelle ils avoient entendu l'ordre de leur arrestation, & de la tranquillité avec laquelle ne pouvant plus supporter la présence & les approches d'un traitre, ils avoient dit : puisque nous sommes arrêtés, faites nous conduire hors de cette salle. Je fus instruit de leurs sentimens communs à tous dès qu'ils purent s'en rendre compte. Ils se félicitoient d'être mis en arrestation, parceque, se disoient ils l'un à l'autre, voilà Dumouriez connu ; & dès qu'il est connu il ne peut plus être dangereux pour la République. Son armée, trompée & non séduite, va être éclairée ; Elle l'abandonnera comme celle de la Fayette l'a abandonné. Un état-major composé de contrerévolutionnaires va être dissout & puni comme complice des forfaits de Dumouriez. On s'étoit accoutumé à ne voir dans sa personne, que le général nommé d'un consentement unanime, par l'assemblée législative, le 19 aôut, pour remplacer le traitre la Fayette ; le général qui avoit-chassé les ennemis de la Champagne ; le vainqueur de Jemmape. Sur ses dénonciations, on imputoit les déroutes d'Aix-la-Chapelle à l'indiscipline des troupes ; sa retraite sur nos places pouvoit être regardée comme un acte de prudence. La République, bercée de ces illusions, tomboit dans l'abime que le perfide lui creusoit. La verité s'est montrée avec éclat. Dumouriez étoit un traitre : c'est aujourd'hui un ennemi déclaré : la République n'en redoute aucun. Que vat-il ordonner de nous ? Peu importe : la République est hors de danger. Quatre individus sont trop heureux de pouvoir se sacrifier pour la liberté & la vie de vingt-cinq millions d'hommes.

Ces réflexions ont frappé plus profondément encore les commissaires & Beurnonville , lorsqu'ils ont appris dans la suite, que Dumouriez avoit tenté de s'emparer de Valenciennes & de Lille & que le coup n'avoit manqué, que parceque leur voyage au quartier-général avoit fait avorter les projets de Dumouriez, en le forçant d'en précipiter l'exécution. Souvent, dans les momens où ils pouvoient conférer librement avec moi, ils revenoient fur la conduite qu'ils avoient tenue. Ils examinoient s'ils n'avoient pas commis quelque faute; ils recherchoient s'ils n'auroient pas dû prendre quelque autre parti : & toujours je les ai vus s'arrêter à cette idée unique : Nous devions exiger de Dumouriez qu'il exécutat le décret ; nous l'avons fait. Nous devions le fufpendre de toutes fonctions à caufe de fa défobeïffance : nous l'avons fait. Nous allions nommer un autre général par *interim* & charger le miniftre de faire exécuter le décret, lorfque Dumouriez nous a fait arréter. Inutilement aurions nous effayé de réfifter à la force armée qui nous entouroit. Nos tentatives auroient fervi de prétexte à des calomnies. Dumouriez auroit dit qu'on avoit envoyé des affaffins pour le tuer. Peut-être l'armée, vacillante en ce moment, fe feroit-elle divifée. Dumouriez auroit encore trouvé des défenfeurs. Le falut de la République vouloit qu'il fut connu par une action qu'aucun voile ne put couvrir. Notre arreftation eft l'action qui étoit néceffaire C'eft un événement heureux pour la République ; il l'eft pour nous auffi qui fommes des membres de la République. L'unique régret des Commiffaires étoit de ne pouvoir pas écrire à la Convention pour lui rendre un compte exact de leur conduite & de leurs motifs.

Les Commiffaires, le général & les perfonnes qui les accompagnoient, demeurèrent dans la falle dont j'ai parlé, jufques vers les onze heures du foir. Au dehors, les gens de Dumouriez s'occupoient des apprêts du départ. On renvoyoit les chevaux de poſte, on en faiſoit venir de nouveaux. Thouvenot traçoit la route à ceux qui devoient conduire l'eſcorte & leur indiquoit la marche pour éviter tous les cantonnemens français. l'aide-de-camp de Beurnonville, Ménoire, en a été témoin. Dumouriez écrivit à Clairfait une lettre datée de 10 heures du ſoir : la voici en ſon entier. " Mon

,, général, je vous adreſſe quatre députés de la
,, Convention nationale, qui ſont venus de la part
,, de cette aſſemblée tyrannique pour m'arrêter &
,, me conduire à leur barre. Leur projet, ou,
,, au moins celui de leurs commettans, étoit de
,, me faire aſſaſſiner à Paris. Je vous prie de les
,, envoyer à S. A. S. le Prince de Cobourg pour
,, être gardés en otages pour empêcher les crimes
,, de Paris. Je marche demain ſur la capitale pour
,, faire ceſſer cette horrible anarchie. Je compte
,, comme l'on me l'a expreſſément promis, ſur la
,, trève la plus parfaite pendant l'expédition que
,, je vais faire & même ſur les ſecours de vos
,, troupes en cas que j'en aie beſoin pour venir
,, à bout des ſcélerats que je veux chatier pour
,, remettre l'ordre dans le Royaume de France, &
,, rendre à toute l'Europe le repos & la tranquil
,, lité qu'ils ont troublés ſi criminellement. Je
,, vous envoye auſſi particuliérement le général
,, Beurnonville miniſtre de la guerre, avec ſon
,, aide-de-camp. Je vous prie de ſéparer les deux
,, militaires d'avec les quatre membres de la Con
,, vention nationale, & de les traiter avec plus
,, d'égards. " Dumouriez adreſſa en même temps deux proclamations : l'une à ſon armée, l'autre au

Département du Nord. Il annonçoit à l'armée qu'on étoit venu pour l'arrêter & le conduire à la barre; qu'il s'étoit rappellé ce que l'armée lui a promis, de ne pas laiffer enlever *fon père;* qu'il avoit mis les commiffaires de la Convention & le miniftre *en lieu de fureté,* pour fervir d'otages à l'armée & à lui; qu'il étoit temps que l'armée emit fon vœu & qu'on reprit une conftitution qu'on avoit jurée trois ans de fuite. La proclamation adreffée au Département du Nord étoit plus violente; la calomnie contre les commiffaires y étoit atroce. On y lifoit ces mots : " J'ai ofé dire la vérité dans ma lettre
„ du 12 de ce mois. Auffitôt les Marat, les Ro-
„ befpierre ont dévoué ma tête a leur vengeance.
„ Quatre commiffaires ont été envoyés pour m'arrêter
„ *ou plutôt pour fe défaire de moi.* Le miniftre de
„ la guerre s'eft joint à eux. Beurnonville dont
„ j'ai fait la fortune militaire *veut m'affaffiner....*
„ Je les ai fait arrêter & je les ai envoyés *en lieu*
„ *fûr* pour me fervir d'otages contre les entre-
„ prifes qu'on tenteroit fur moi. "

Dans l'intérieur du lieu où les commiffaires & le miniftre étoient enfermés, voici les particularités dont j'ai tenu note. Un des officiers des huffards de Berchini entra. Beurnonville le reconnut; il lui rappella qu'il l'avoit vu. — Mon général, je n'ai pas oublié que j'étois avec vous à Jemmape, ni comment vous fautates dans les redoutes des ennemis. Nous les avons battus enfemble. — Ouï; je n'aurois pas penfé que la troupe avec laquelle j'avois battu les Autrichiens à Jemmape dut m'arrêter un jour, & que vous la commanderiez en ce moment. L'officier rentra auſſitôt dans la claſſe des muets.

La ſeule perſonne étrangère qui eut pu ſe faire jour dans la chambre ou les commiſſaires furent gardés, étoit le courier qu'ils avoient rencontré la veille ſur la route de Paris & dont ils s'étoient fait ſuivre pour porter leurs dépêches. Il apporta les manteaux ; & il paroiſſoit extrêmement ſenſible au ſort, des commiſſaires & du miniſtre. Il leur propoſa même de ſe charger de leurs commiſſions, mais il ne fut pas poſſible de lui dire librement un ſeul mot ; les huſſards ne permettoient pas qu'il approchat des commiſſaires : & on finit par l'empêcher même d'entrer.

Dumouriez envoya demander le général Beurnonville. Il repondit qu'ayant été arrêté avec les commiſſaires, uni a eux de cœur & d'eſprit il ne ſe ſepareroit jamais d'eux ; & il ne ſortit point. Bancal dit que ſi Dumouriez vouloit parler à quelqu'un ; il pouvoit venir lui même. Beurnonville jettoit de moment à autre, des yeux de fureur ſur les huſſards dont il étoit environné ; il les comptoit ; il vouloit mettre le ſabre à la main & les tuer tous. C'eut été de ſa part, une tentative ſans ſuccès. La cour étoit pleine d'huſfards du même régiment, les valets armés de Dumouriez ſe ſeroient joints à eux. De dehors on auroit fuſillé par les fénêtres, le général & tout ce qui étoit dans la ſalle.

A peu près à onze heures, tout étant préparé par les ſoins de Deniſe, Rainville & Romme que j'ai déjà nommés, Deniſe entra dans la ſalle &

vint porter l'ordre aux commiffaires & au miniftre, de monter dans leurs voitures pour partir. Ils lui demandèrent qui il étoit ? il leur déclare fon nom. De qui venoit l'ordre ? — de Dumouriez. On lui obferva que Dumouriez étant fufpendu ne pouvoit donner aucun ordre. Il fe moqua de cette obfervation. On lui ordonna alors de fe juftifier d'un ordre par écrit. Il fortit, & rentrant un inftant après, il déclara que Dumouriez avoit répondu que l'ordre par écrit n'étoit pas néceffaire ; & qu'on employeroit, s'il le falloit, la force pour l'exécuter. Denife demanda fi l'on avoit des armes & dit qu'il falloit les remettre. Camus n'ayant pas jugé à-propos de répondre, Denife ordonna aux huffards de le fouiller. Deux huffards s'approchèrent de lui ; tâtèrent par deffus fes habits. Le général dit : Je penfe qu'on ne me défarmera pas ; & je ne le fouffrirois pas. On lui laiffa fon fabre ainfi qu'à fon aide-de-camp, qui déclare qu'il ne remettroit fes armes qu'à fon général dont il fuivroit l'exemple.

Tout le monde eft conduit dans la cour. Les voitures étoient au nombre de trois : celle des commiffaires, qui étoit une berline de quatre places ; celle du général, à trois places ; & une chaife à une feule place, dans laquelle Foucaud avoit fait le voyage. On lui propofoit de le renvoyer en France. Il déclara qu'on ne le fépareroit point des commiffaires ; qu'il vouloit les fuivre par-tout où on les conduiroit. Cependant tout ce qu'il avoit vu avant qu'on l'introduifit dans la falle au moment de l'arreftation, devoit lui faire préfager le fort qu'on leur préparoit ; mais il n'en fut que plus ferme à ne pas se détacher d'eux. Villemur, jeune homme de 20 ans, secrétaire du ministre, resta dans les mêmes principes ; inséparable du ministre qu'il avoit accompagné & dont il vouloit partager le sort. Les aides-de-camp Denise, Rainville & Romme donnèrent l'ordre pour le placement dans les voitures. Ils décidèrent qu'un des commissaires monteroit dans la voiture du général ; que son secrétaire monteroit dans la voiture des commissaires, & que dans chacune des deux voitures il y auroit un officier de Dumouriez. Rainville monta dans la voiture du général ; Denise dans celle des commissaires ; Romme à cheval. On étoit fort gêné dans les deux voitures trop petites pour contenir l'une quatre, l'autre cinq personnes.

La nuit étoit très-noire ; il tomboit un peu de pluie. Les voitures partirent escortées de cent hussards de Berchini. La voiture du général étoit la première ; celle des commissaires la seconde ; la troisième étoit celle de Foucaud. On tourna le bourg de St. Amand, & de-là on prit des routes de traverse pour aller sur Remigies. L'aide-de-camp Rainville sortit de la voiture du général, dans laquelle il étoit entré en partant, & monta à cheval. J'ai entendu le lendemain, le général rapporter aux commissaires le motif de ce changement. S'appercevant qu'il n'étoit plus sur la chaussée, il avoit dit à Rainville: Je ne sais pas, où l'on nous mène, mais comptez, qu'au moment où j'appercevrai que nous sommes sur les terres ennemies, je vous tue là comme un cochon. Rainville ne répondit mot, mais quelques instans après il trouva que l'on étoit trop gêné dans la voiture, & il dit qu'il alloit monter à cheval.

Sur le minuit, j'apperçus tout à coup un grand mouvement parmi les huſſards ; j'entendis qu'on leur ordonnoit de couper, tailler, hâcher tout ce qui ſe préſentoit. On croira que ces ordres étoient rélatifs à quelque parti de troupes autrichiennes qui ſe feroit montré. Point du tout. C'étoit du général & des commiſſaires de la Convention qu'il s'agiſſoit. Beurnonville avoit demandé au poſtillon de quel côté il alloit ? le poſtillon avoit répondu : *ſur Remigies :* ce qui indiquoit la route de Tournai par les traverſes. Un des deux aides-de-camp, Rainville ou Romme, étoit accouru à la portière pour dire qu'on alloit à Valenciennes : mais le gé-néral croyant plutôt au poſtillon qu'à l'aide-de-camp, ouvrit la portière & vouloit ſe jetter en dehors avec Ménoire pour ſabrer les huſſards. Deux ſeulement auroient fait l'affaire. Le général & Ménoire ſeroient montés ſur les chevaux, auroient mis la cohorte en déroute & ſauvé les commiſſai-res. On ſeroit rentré ſur les terres de la Répu-blique, & de-là on auroit pris des meſures pour éclairer l'armée & arrêter Dumouriez. Le général ne ſavoit pas qu'il y avoit un eſcadron entier. Ils accoururent tous ſur l'ordre qu'on leur donna. Bancal repréſenta au général & à Ménoire l'inégalité du combat qu'ils vouloient ſoutenir. Cependant il ne parvint à les empêcher de deſcendre qu'en leur défendant expreſſément au nom de la Convention, de s'expoſer à un danger certain & ſans fruit. La portière demeurant ouverte, les huſſards fonçoient en dedans avec leurs fabres. Deux coups portèrent fur le général, l'un le bleffa légérement à la cuiffe ; l'autre fut paré par fon fabre qui en demeura fauffé. On renferma la portière avec beaucoup de peine ; & alors l'un des aides-de-camp, je crois que c'étoit Romme, vint crier à la portière : *Ah f. canailles, nous vous tenons. Vous avez affez coupé de têtes ; on va couper les vôtres.* Les chemins étoient horribles ; on s'arrêtoit de temps en temps ; on étoit obligé de mettre un grand nombre de chevaux fur chaque voiture, & d'employer quelquefois le cric pour les faire fortir des trous où elles étoient embourbées, mais on ne laiffoit defcendre perfonne dans ces mauvais pas ; les voitures étoient toujours ferrées de près par les huffards, & lorfqu'un befoin abfolu força quelqu'un à defcendre pendant la nuit, on ne laiffoit pas s'écarter de la voiture, lui tenant le fabre nud à côté de la tête, de crainte qu'il ne s'éloignat.

La prudence a fait la loi à ma curiofité. 'aurois voulu favoir la fituation & le nom des lieux où l'on paffoit, mais j'appréhendois de paroître inquiet, & je ne devois pas l'être plus que les commiffaires, qui, contraints de céder à la force, fe laiffoient conduire fort tranquillement, s'amufant quelquefois à ftimuler l'infame Denife qui étoit dans leur voiture, pour voir s'il y avoit quelque chofe d'humain dans cet être là. Il ne fut pas poffible d'y exciter un fentiment, pas même celui de l'impatience ou de la colère, quoiqu'on fit des rapprochemens très-piquans de fa perfonne avec celle des anciens fatellites du defpotifme. Il n'y avoit

dans son ame que boue & corruption froide, in-
capable de fermenter. Je me trompe : voici un
trait de fenſibilité. Rainville étoit venu à la portière apprendre à Deniſe que le général étoit bleſſé.
Il ne répond rien d'abord, mais quelques minutes
enſuite, & comme s'il fut ſorti d'une réflexion pro-
fonde, il appelle Rainville. *Ecoutez : j'ai un mou-*
choir, ſi le général a beſoin de linge, offrez-le lui.
Pluſieurs fois les commiſſaires lui demandèrent :
où allons nous ? Je ne ſais pas. *Qui eſt-ce qui*
commande l'eſcorte ? Ce n'eſt pas moi. *Où ſommes*
nous ? Je ne ſais pas. Il étoit impoſſible de parler
aux gens de l'eſcorte ; Dumouriez avoit eu l'attention de ne la compoſer que de huſſards allemands ;
s'il y avoit un français parmi eux, il étoit bien
caché.

Tout ce que j'ai pu remarquer ſur la route
depuis le moment du départ juſqu'au point du
jour, c'eſt, comme je l'ai dit, qu'on marchoit
par des chemins déteſtables ; & que, vers les trois
heures, on paſſa un pont levis qui étoit à l'entrée
d'un lieu aſſez conſidérable. Je vis avec ſurpriſe
qu'il y eut, à cette heure-là, des lumières dans
beaucoup des maiſons, particuliérement dans une
qui paroiſſoit fort grande, & où je croyois qu'on
alloit deſcendre les commiſſaires & le général ;
mais on continua la route. Au point du jour on
parcourut un intervalle de ſtations beaucoup plus
long que ceux qui avoient précédé, & enfin on ſe
trouva ſur une chauſſée.

Pendant la durée de cette dernière courſe,
pluſieurs ſoldats autrichiens paſsèrent auprès de
l'eſcorte

l'efcorte fans rien dire, mais faifant bonne mine
aux huffards & aux officiers. Un des officiers de
l'efcorte venoit chanter à la portière de la voiture
des commiffaires: *Vaincre ou mourir pour notre Dumouriez.* Après quelques pas faits fur la chauffée,
on vit arriver des cavaliers autrichiens (les dragons
de la Tour) qui fe rangèrent de l'un & l'autre
côté du chemin. Les officiers qui les commandoient
parlementèrent avec Rainville & Romme, & je jugeai
par la manière dont on fe traita de part & d'autre,
qu'il y avoit un pacte entre les deux parties. Les
huffards de Berchini fe retirèrent & on continua
la route ; Denife étant toujours dans la voiture des
commiffaires ; Rainville & Romme à cheval.

Comme j'ai autrefois & librement parcouru les
villes de ce pays , je reconnus bientôt qu'on ap-
prochoit de Tournai. On y entra par la porte qui
eft voifine de l'abbaye de St. Martin. L'efcorte &
les voitures entrèrent dans la cour de cette abbaye.
J'y aurois inutilement cherché un arbre de la liberté
qui y avoit été planté, depuis moins d'un mois ;
le mardi 5 Mars ; dans une fête affez gaie que
O-moran (commandant à Tournai) avoit donné ce
jour-là aux habitans de la ville. L'abbaye St. Martin étoit alors le quartier du général français : aujourd'hui il étoit devenu celui du général autrichien
Clairfait. Au lieu d'un arbre de la liberté dans la
cour, on voyoit fur toutes les cheminées les armoi-
ries du comte de Clairfait, ornées de rubans & de
bouquets. Rainville dit à l'un des commiffaires qui
defcendoient de voiture, c'eft une fonction bien
pénible pour moi & bien défagréable ; il m'en à

C

bien coûté. Propos d'efclave. Il fut reçu comme il devoit l'être.

Les commiffaires de la Convention furent conduits dans un appartement avec leurs fecrétaires ; le général & ceux qui l'accompagnoient dans un autre. Je crois qu'on mit Beurnonville précifément dans la chambre que O-moran avoit occupée. On leur fervit à déjeûner à l'inftant de leur arrivée. A onze heures on leur fervit à dîner ; & on prépara tout pour partir à midi. Dans l'intervalle j'apperçus un mouvement d'officiers qui alloient & venoient avec de la lumière, de la cire & des cachets. C'étoit pour mettre le fcellé fur les malles, les coffres & les porte-feuilles que l'on demanda aux commiffaires & au miniftre, & dont on fit enfuite un examen plus particulier à Mons. Après le dîner on fit paffer le général & les commiffaires de la Convention chez Clairfait. La vifite fut fort courte, mais ils en profitèrent les uns & les autres pour réclamer contre leur détention comme l'effet d'une trahifon contraire aux premiers principes du droit des gens. Clairfait répondit que l'on alloit être conduit à Mons, au quartier général, & qu'on y trouveroit le prince de Cobourg, avec lequel on s'expliqueroit.

On partit de Tournai vers midi, le mardi 2 Avril. De-là les commiffaires de la Convention, le général & leur fuite ont été conduits en huit jours de marche à Mæftricht. Il y a eu dans la route deux féjours, l'un à Mons, l'autre à Tournai. Je parlerai d'abord de la route en général ; je rapporterai enfuite quelques anecdotes particulières ;

& on doit continuer à compter que je ne dirai rien que je n'aye vu de mes yeux , ou dont je n'aye été informé auffi pofitivement que fi je l'avois vu.

Le mardi 2, on coucha à Mons ; le 3 , féjour dans cette ville ; le 4, coucher à Braine-le-Comte ; le 5, à Bruxelles ; le 6, à Louvain ; le 7, féjour à Louvain ; le 8, coucher à Tirlemont ; le 9, à St. Trou ; le 10, à Tongres ; le 11 à Mæftricht. On voit qu'à l'exception du voyage de Tournai à Mons, chacune des journées n'étoit que de quatre ou cinq lieues de marche. De Tournai à Mons on changea plufieurs fois de chevaux. Le détachement de cavalerie qui formoit l'efcorte, changea pareillement. A Mons on établit un autre ordre qui fut gardé jufqu'à Mæftricht. L'efcorte étoit compofée de deux détachemens , un de 50 hommes de cavalerie , l'autre de 50 hommes d'infanterie. Elle étoit commandée par le comte de Joulay, capitaine d'infanterie , qui avoit avec lui Bellont , capitaine de cavalerie , un lieutenant nommé Hammerfchaal & un fous-lieutenant ; plus , un commiffaire chargé de pourvoir aux dépenfes de la route. Le détachement à pied partoit fur les fix heures du matin, du lieu où les commiffaires avoient couché , & il fe rendoit dans le lieu où les commiffaires devoient arriver. Ils dinoient vers midi tous enfemble , avec Beurnonville, les fecrétaires & les officiers qui commandoient le détachement à cheval. On partoit à une heure & demie, efcorté des gens de cheval , les commiffaires feuls dans leur voiture , le général feul dans la fienne avec

(36)

fon fecrétaire. Ménoire , fon aide-de-camp étoit
demeuré à Mons , parce qu'il étoit indifpofé. On
faifoit quelquefois , par promenade , une partie de
la route à pied , marchant en tête des voitures avec
les officiers. On arrivoit entre cinq & fix heures.
Le détachement d'infanterie fe trouvoit à la porte
de la maifon où l'on devoit loger. On diftribuoit
les poftes que les foldats de l'infanterie gardoient
jufqu'au lendemain matin. Ils étoient relévés alors
par les cavaliers. La garde étoit en tout temps
fort exacte , la configne févère & ftrictement ob-
fervée. Ordinairement les commiffaires & le général occupoient deux chambres ; le lieutenant cou-
choit dans l'une , le fous-lieutenant dans l'autre ,
& la nuit on mettoit à la porte , en dedans de
chacune des chambres à coucher , un factionnaire ,
le fabre nud à la main. Il fe tenoit parfaitement
tranquille pour ne troubler le fommeil ni des commiffaires ni du général. On foupoit enfemble avec
tous les officiers. La nourriture étoit bonne & abon-
dante , la meilleure que les lieux puffent fournir.
On caufoit librement pendant les repas ; dans l'intervalle des repas & de la marche on converfoit ,
on écrivoit, on lifoit : à Louvain on paffa une partie
de la journée du féjour dans le jardin de Ste. Gér-
trude. Cette abbaye avoit été le lieu du quartier
général des généraux françois pendant la plus grande
partie du mois de Mars. C'étoit là où Dumouriez
fe glorifioit d'avoir écrit fa lettre du 12 à la Convention.

A Mons on defcendit à l'hôtel de la couronne
impériale fur la place. On y fit fouper les com-

miffaires & le général : & l'on eut la complaifance
d'y laiffer entrer un affez grand nombre de perfonnes foit avant, foit pendant le fouper. Avant
qu'on fe mit à table , un officier de l'état - major
vint prendre les noms des commiffaires & fut fort
attentif à n'écrire que les noms fans aucune qualité. Il arriva à Bancal qui, par hazard , avoit fon
chapeau fur la tête & ne l'ôtoit point. " Mon-
„ fieur , lui dit Zebreau (c'eft le nom de l'officier),
„ l'égalité n'a pas lieu ici ; je fuis de l'état-major,
„ moi , & vous ne devez pas garder votre cha-
„ peau. " En continuant à parler, Bancal eut occafion de dire que l'armée n'étoit point l'armée de
Dumouriez, mais l'armée de la République. " Point
„ de République , dit Zebreau , nous ne connoif-
„ fons pas cela ici. " Cette reprimande n'a pas
empéché que je n'aye entendu les commiffaires
nommer fouvent la République.

On avoit arrêté d'abord que les commiffaires
coucheroient à la couronne impériale. On changea
enfuite d'avis & on les fit coucher chez M. de
Bizeau de Familieren. Le lendemain 3, arrivèrent
à Mons les domeftiques de Beurnonville & de fon
aide-de-camp, Marchand & Conftant que l'on avoit
arrachée de derrière les voitures au moment du
départ ; mais ils déclarèrent ne vouloir pas fe fé-
parer de leurs maitres, & le matin on les fit partir pour fe rendre auprès d'eux.

Dans la matinée du même jour, mercredi 3 ,
à Mons, les commiffaires & le miniftre reçurent
plufieurs vifites importantes. On vint examiner leurs
papiers & leurs effets, & on leur rapporta leurs

portefeuilles ; leurs piſtolets leur furent ôtés. On avoit retiré de leurs portefeuilles l'expédition du décret du 30 , qui nommoit la commiſſion, & quelques autres papiers. Les commiſſaires reconnurent alors auſſi , par leurs effets qui leur manquoient , ceux qui avoient été retenus au quartier général de Dumouriez. C'étoit le portefeuille de la commiſſion , dans lequel il y avoit quatorze cents & quelques livres en aſſignats , du papier & des lettres ; le portefeuille de Jaubert arrété à Lille, & quelques notes remiſes par les premiers commiſſaires ; la carte des Pays-Bas , par Mentelle ; un volume de l'hiſtoire d'Amérique , par Robertſon ; des piſtolets ; deux cannes à épée ; un ſac de nuit, contenant divers effets à Bancal. On prit dans le portefeuille du miniſtre une carte générale du territoire français , deſſinée à la main , réduite & très-ſoignée ; l'état des officiers généraux de toutes les armées, & ſon ordonnance ſur le recrutement.

Pluſieurs officiers ou commiſſaires vinrent de la part du prince de Cobourg, annoncer aux commiſſaires de la Convention & au général, qu'ils avoient ordre de leur procurer ſoit des livres, ſoit tous autres objets qui leur ſeroient néceſſaires ; & que ce qu'on ne trouveroit pas à Mons, on le donneroit à Bruxelles. Les commiſſaires & le général ont reçu effectivement la plupart des livres qu'ils ont demandés ; ils ont eu auſſi quelques mouchoirs, ou autres petits objets de ce genre dont ils avoient beſoin.

La viſite la plus importante fut celle du baron de Mack, aide-de-camp-général, colonel, chevalier de l'ordre de Marie-Thérèfe. Il s'annonça comme venant de la part du prince de Cobourg pour déclarer aux commiffaires qu'ils feroient retenus en otages pour la reine & fon fils, & qu'ils euffent à écrire à la Convention, pour avertir que fi l'on attentoit à ces perfonnes, la tête des commiffaires en répondoit. Les commiffaires lui dirent que, hors des terres de la République & captifs, ils n'avoient aucun avis à donner à la Convention, ni déclaration à lui envoyer ; que quant à leur détention, l'Europe la jugeroit & ne verroit pas fans indignation la perfide trahifon de Dumouriez. Mack trouva mauvais que les commiffaires euffent employé le nom de *République*, dont l'exiftence n'étoit connue, difoit-il, de perfonne ; & s'adreffant particuliérement à un des commiffaires qui avoit le premier porté la parole (Camus), il l'avertit d'être plus réfervé, parce que fa tête pourroit bien n'être pas très-ferme fur fes épaules. — Et que m'importe ? répondit le commiffaire. Vous croirez que parce qu'on m'a trahi & livré aux ennemis de la France, je changerai de fentiment, & que vous me ferez craindre la mort ? — Tel qui femble bien hardi, change de ton, lorfqu'il la voit de près. Songez que vous êtes en notre pouvoir. — Oui ; & libre dans vos fers. Ces réponfes furent appuyées par les autres commiffaires, qui s'exprimerent tous à peu-près dans les mêmes termes, en obfervant à Mack que quand on s'engageoit dans une révolution, qu'on acceptoit d'être membre d'une Convention, & qu'on fe chargeoit enfuite de la miffion d'aller vers un général, au

milieu de fon camp , on avoit mis dans fon fpé-
culation la poffibilité de périr ; qu'alors on n'étoit
plus effrayé de voir la mort plus ou moins prête
à frapper. Je m'apperçus que les réponfes des commiffaires , la tranquillité & la fermeté avec laquelle
ils s'expliquèrent , faifoient impreffion fur Mack.
Je ne fais comment on avoit annoncé & dépeint
les commiffaires : mais, dans cette même matinée
le lieutenant Hammerfchaal fe préfentant devant
eux pour la première fois , leur avoit demandé,
du ton de la plus franche naïveté : *Meffieurs*,
lequel de vous eft Marat? Le foulévement que cette
queftion occafionna aux commiffaires , fit rougir le
lieutenant, qui s'apperçut de l'erreur dans laquelle
on l'avoit jetté.

Il en fut de même de Mack, qui bientôt fe
répentit de la vivacité de fes premiers difcours,
& revint à la déclaration dont il avoit parlé. Il
expliqua qu'il ne s'agiffoit pas, de la part des commiffaires , de donner aucun avis à la Convention ,
mais uniquement de lui transmettre ce que le prince
de Cobourg propofoit. On lui fit entendre auffi de
la part des commiffaires , qu'il feroit donc conve-
nable que le prince donnat à connoître par écrit,
ce qu'il défiroit que fit la Convention. Il répondit
qu'il n'y avoit pas de difficulté ; que le prince remettroit par écrit ce qu'il demandoit & la déclaration qu'il propofoit. Les commiffaires ajoutèrent
de leur côté, que, quand ils auroient la déclaration
fous les yeux , ils conféreroient entre eux fur ce
qu'ils auroient à faire. On la leur promit pour le
foir, mais elle n'arriva pas ; & le lendemain, Mack

en faifant faire des excufes aux commiffaires , de ce qu'il ne venoit pas les voir, leur fit dire qu'il n'étoit plus queftion de la déclaration. Les commiffaires virent échapper avec peine cette occafion, fur laquelle ils avoient compté, d'écrire à la Convention. Le miniftre Beurnonville avoit demandé à parler au prince de Cobourg pour lui préfenter fes réclamations contre fa détention. Le prince prétexta fes grandes occupations pour fe difpenfer de le voir. Les commiffaires le demandèrent auffi à plufieurs reprifes, mais toujours inutilement.

Le baron de Mack avoit été propofer à Beurnonville la même déclaration qu'il propofa enfuite aux commiffaires. Le général répondit que, dans fon état de captivité, il n'avoit rien à dire à la Convention ; qu'il étoit guerrier ; que fon devoir étoit de défendre fa patrie ; qu'il n'étoit point législateur ; qu'il devoit, non donner des avis, ni faire les lois, mais les faire refpecter.

En fortant de Mons, on rencontre, fur les deux heures, une carroffe à fix chevaux, dans lequel étoit Valence avec le Baron de Mack. N'ayant pas apperçu perfonnellement Valence, je ne voulois pas croire le fait; mais il m'a été fi pofitivement attefté que j'ai du me foumettre. Les faits pofterieurs m'ont appris que j'avois eu tort de douter. Le miniftre affura l'avoir vu s'enfoncer dans la voiture & fe cacher de houte.

Dans les villes & les lieux un peu confidérables où l'on paffoit, il fe mettoit aux boutiques & aux poftes, on ne doit pas en être furpris, du monde pour regarder. Il n'y eut, dans beaucoup d'endroits, ni affectation ni bruit, & même on n'y paroiſſoit pas inſenſible au ſort des commiſſaires & du général. Dans les villes où il y avoit des émigrés, beaucoup de prêtres & de moines, il n'en fut pas de même. A Tournai, ce fut très peu marqué. Quelques perſonnes crièrent *vive l'empereur*, & parlèrent de *la carmagnole*, ou rappellèrent l'air *ça ira*. A Mons il y eut du mouvement de la part des curieux qui ſe raſſemblèrent le ſoir pour être ſpectateurs de 'arrivée des commiſſaires & du général. Le ſurlendemain, au départ, on étoit plus tranquille. A Soignies, une femme lança une pierre dans la voiture du général. A Bruxelles il y avoit en avant de la ville un aſſez grand raſſemblement d'hommes, de voitures & de chevaux. Venir voir l'arrivée des français avoit été une partie de plaiſir ; des carroſſes, des filles publiques bordoient la route. C'étoit au milieu de cette compagnie que ſe trouvoient, aſſez mal placès, des prêtres qui ſuivirent les voitures depuis les dehors de la ville juſques dans l'intérieur, avec des geſtes plus indécens de leur part que de celle de tout autre. On étoit en fête à Bruxelles pour l'entrée de Metternich, nouveau miniſtre de l'empereur. C'étoit une occaſion de tirer des pétards. On vint en jetter quelques uns ſous les fenêtres de la maiſon où les français étoient logés. En ſortant de la ville pour aller à Louvain, une femme qui paroiſſoit être une émigrée, caracteriſa fort bien la manière dont les commiſſaires & le général ſe trouvoient entre les mains des Autrichiens. *Ah, ah!* dit elle, *voila donc ces Meſſieurs qu'on a eſcroqués.* A Tirlemont, c'étoit surtout des capucins qui se faisoient remarque parmi les curieux. Ils étoient attroupés avec quelques autres personnes devant la porte de la maison où les françois étoient descendus, & avoient crié après le génétal au moment où il sortoit de voiture. Un caporal autrichien écarta cette tourbe avec sa baguette, comme on chasse un imbecille troupeau. Le plus grand rassemblement fut à Mæstricht. Depuis trois jours, des émigrés ne cessoient d'aller se promener à cheval sur la route de Tongres pour avoir l'honneur d'annoncer à leurs camarades quel jour ils auroient la satisfaction de se repaitre du spectacle des français livrés par Dumouriez. Sur cette annonce si longtemps désirée, tous les émigrés se trouvèrent hors de la ville, le onze à midi. Leurs dames, en amazones, les accompagnoient : on s'étoit avancé à plus d'une lieue de la ville. En approchant on rencontra ceux qui n'avoient pu se rendre qu'à pied ; les chemins étoient couverts d'autant de croix de St. Louis, qu'autre fois la galerie de Versailles. Les domestiques étoient armés de batons.

Je dois la justice aux officiers qui conduisoient l'escorte, qu'ils ont toujours pris les plus grandes précautions pour empêcher que les commissaires & le général ne fussent insultés. Ils faisoient rentrer dans le silence dès qu'on parloit ; ils traitoient même les émigrés avec une sorte de dureté qui étoit la suite du mépris bien caractérisé qu'ils ont toujours montré pour eux. Les soldats de l'escorte partageoient ces sentimens : un cavalier hongrois, entre autres, témoignoit aux commissaires par ses geftes & prefque par fes larmes, fa fenfibilité aux outrages qu'on vouloit leur faire éprouver.

Je dois enfuite au peuple la juftice que fes courfes tumultueufes n'étoient pas formées des hommes qui compofent réellement le peuple des villes, tels que des bourgeois, des artifans : c'étoit un ramas de prétres, d'émigrés, de laquais & de perruquiers.

Je dois enfin aux commiffaires de la Convention nationale, que j'ai fervi plus particuliérement, la juftice, qu'ils étoient parfaitement tranquilles & de fang froid, quoique quelquefois on les défignat par leur nom, & qu'on leur fit des geftes menaçans. Leur regard étoit affuré ; il n'avoit rien de timide, comme rien d'impudent. Les commiffaires s'entretenoient fur la différence de leur pofition & de celle des émigrés : combien leur fituation ne leur paroiffoit-elle pas au-deffus de celle de l'émigré qui les regardoit avec le plus de fatisfaction & de complaifance !

J'ai obfervé plus-haut, que c'étoit fur-tout lorfque les commiffaires fe trouvoient libres entre eux dans leur voiture, qu'ils traitoient de ce qu'ils avoient à faire en commun. Leur plus grand regret étoit de ne pouvoir pas faire connoître à leurs collègues l'intérieur de leur ame ; leur dire combien il étoit calme ; combien ils étoient perfuadés qu'on prenoit un grand intérét à leur fort, mais combien ils défiroient en même temps que cet intérét, dans aucune circonftance, ne déterminat la Convention à s'écarter le moins du monde des principes de la juftice & de la fureté publique. Le miniftre ne paroiſſoit pas moins pénétré des regrets de ſe voir rendu inutile à la patrie, au moment où il pouvoit lui prouver le plus avantageuſement l'étendue de ſon zèle. Les huées & les injures ne le faiſoient point ſortir de ſon calme.

Pendant leur dernière marche de Tongres à Mæſtricht, les commiſſaires diſcutèrent un objet important : la forme à donner aux réclamations qu'ils vouloient adreſſer à l'empereur ſur leur détention. Pluſieurs fois ils en avoient parlé dans la route, même en préſence des officiers qui ne répondoient à leurs juſtes plaintes autre choſe ſinon : *Nous ne ſommes que des inſtrumens.* Ils penſèrent que, rendus à Mæſtricht, où ils paroiſſoient devoir être définitivement gardés, ils ne devroient pas tarder davantage à faire leur réclamation par écrit; qu'elle conſiſteroit dans un expoſé très-ſimple de la trahiſon de Dumouriez : peu de réflexions; une réclamation poſitive contre la violation du droit des gens exercée à leur égard.

Dans la marche de Tongres à Mæſtricht on ne fit point de promenade à pied ; on deſcendit ſeulement de voiture quelques minutes pour un mauvais pas.

Le 11 Avril 1793, à une heure & demie après midi, j'ai vu le général Beurnonville & les commiſſaires de la Convention nationale monter les degrés du Perrou de l'hôtel des Etats de la République des Provinces-unies, où ils ſont renfermés; j'ai ſu qu'à l'inſtant on les avoit ſéparés les uns des autres, mais que le mardi 16, on avoit permis aux commiſſaires & à leur ſecrétaire de ſe voir & de manger enfemble , fans aucune communication avec le général. Je penfe qu'un de leurs premiers foins aura été d'adreffer foit en commun, foit chacun en particulier , s'ils n'ont pas pu fe raffembler pour cet objet, leurs réclamations à l'empereur. Sans doute , ils auront adreffé à la Convention une copie de ce qu'ils ont fait à ce fujet. La connoiffance particulière que j'ai de chacun d'eux , me perfuade que, dans leur prifon, ils vivent calmes , fans inquiétude, férieufement, gravement ; mais fans exprimer ni chagrin , ni ennui : Tous parfaitement unis ; convaincus de la grandeur du fervice qu'ils ont rendu à la République , en forçant Dumouriez à fe démafquer ; pénétrés du bonheur qu'il y a de fouffrir & de mourir pour fa patrie.

Ménoire , aide-de-camp du général , eft arrivé à Mæftricht le 13 Avril , & a la liberté, ainfi que Villemur ; de voir le général , de manger & converfer enfemble. Il a reçu à fon paffage dans les villes , les mêmes infultes que les commiffaires ; & de la part des mêmes perfonnes.

Il nous eft également tombé entre les mains une copie de la réclamation adreffée à l'empereur par les quatre commiffaires de la Convention après leur arrivée à Mæftricht , & nous nous faifons un devoir de la joindre ici.

À Sa Majefté l'empereur & roi ,

Les citoyens français , membres de la Convention nationale, détenus à Mæftricht, ont adreffé à votre Majefté , chacun féparement , le 12 & le

20 Avril dernier, une note contenant l'expofé des faits rélatifs à leur fituation actuelle. Ils y ont fait voir que leur arreftation étoit, de la part du général Dumouriez, une trahifon perfide, qui a dû attirer fur lui la déteftation & le mépris de tous les peuples. Ils y ont démontré que leur détention étoit une violation des premiers principes du droit des gens, de ce droit que les peuples civilifés refpectent lors même qu'ils font en guerre les uns avec les autres ; de ce droit facré qu'on ne peut enfreindre fans s'expofer aux plus funeftes repréfailles. On leur avoit dit verbalement tantôt qu'ils feroient retenus comme otages, tantôt qu'ils feroient gardés comme prifonniers d'Etat ; ils ont établi l'impoffibilité de les placer dans aucune de ces deux claffes & fur ces motifs, ils ont appuyé la demande expreffe qu'ils ont faite par les mêmes notes, d'être reportés fur les terres de France & rendus libres à leur patrie.

Chacun des quatre citoyens detenus a figné fa note & l'a adreffée au baron de Mack, colonel, aide-de-camp-général de votre armée. Les officiers de vos troupes, qui les ont conduits à Mæftricht, leur avoient indiqué cette voie comme sûre pour faire parvenir à V. M. leurs demandes & leurs mémoires. Aucun d'eux n'a reçu de réponfe. Le 4 de ce mois ils ont écrit, en communs, une lettre au baron de Mack pour s'informer fi leurs notes étoient parvenues à V. M. ? s'il y avoit été fait une réponfe ? s'ils devoient en attendre quelqu'une ? Même filence.

Les officiers qui les ont conduits leur avoient-
ils laissé un vain espoir ? le silence est-il une nouvelle insulte faite aux captifs ? Est-il le résultat de
ce qu'on ne sauroit leur donner des réponses que
la raison & la justice veuillent avouer ?

Cependant leur détention se prolonge ; leur
premier devoir a été de faire connoître les faits
qui l'ont préparée ; ils l'ont rempli. Leur droit
aujourd'hui est de se plaindre d'un acte, dont ils
ont fait connoître l'injustice ; de la développer
cette injustice, & de demander à V. M. qu'elle la
fasse cesser.

Hommes, citoyens, représentans du peuple
français, les commissaires de la Convention nationale sont privés de leurs droits. Ils ne jouissent
plus de la liberté, qui est le premier attribut de
l'homme & le plus cher à son existence. Ils sont
séparés de mères, de femmes, d'enfans, de parens,
d'amis, dont l'âge & l'état exigeroient leurs soins ;
& auxquels, sans prétexte comme sans droit, on
fait partager leurs peines. Citoyens, on les a ar-
rachés à leur patrie, à leurs frères, à la société
entière. Représentans du peuple français, honorés
de sa confiance, revêtus d'une mission passagère
mais la plus belle qu'on puisse donner à des hommes ; celle de préparer une constitution pour une
grande république, ils sont réduits à l'impuissance
de partager les travaux de la Convention nationale
& de s'acquitter envers leurs concitoyens des devoirs que ceux-ci leur avoient imposés.

L'auteur de ces attentats c'est Dumouriez : c'est
cet homme qui après avoir fait un pacte avec les

ennemis

ennemis de fa nation pour leur livrer les places & les armées de la République, a voulu, par un forfait inouï, la perfidie envers des hommes revétus d'une autorité qu'il avoit juré de refpecter, donner un gage des autres forfaits qu'il s'étoit propofé de commettre. Déjà le traitre reçoit le prix de fes crimes; profcrit de fa patrie, fi jamais il en eut une, méprifé par les peuples à qui il avoit témérairement promis les avantages des grandes trahifons qu'il préparoit, il erre dans des terres étrangères; fa confcience feule l'y fuit; elle l'y dévorera; mais les effets de fa trahifon fubfiftent, & les commiffaires qu'il a livrés font captifs.

A qui ont-ils été livrés? Aux chefs de vos troupes. Par qui font-ils retenus? par V. M. De quel droit? du droit arbitraire de la force, appuyé fur la perfidie du général français. Pour quelle caufe? Ici l'on eft forcé de fe taire, on réduit à des conjectures. Forcé de fe taire, puifque V. M. ou fes agens, au mépris du droit naturel, qui ne permet pas d'enlever à un homme fa liberté & fes droits fans lui en déclarer les motifs, refufent de s'expliquer d'une manière authentique & pofitive.

S'il faut fe livrer aux conjectures, elles ne peuvent porter que fur ce qui a été dit verbalement aux commiffaires, tantôt qu'on les regardoit comme des otages, tantôt qu'on les regardoit comme prifonniers d'Etat.

Des otages pris par trahifon! confervés par une fuite du profit qu'on tireroit de la trahifon! le droit d'otage eft un droit facré. Il fera profané à jamais, fi une fois il a pu être fondé fur la perfidie.

Les commissaires seroient prisonniers d'Etat : mais on ne peut être prisonnier d'Etat que quand on a commis des délits envers l'Etat. Quel est donc l'Etat contre lequel ils ont pu commettre un délit ? Est-ce l'Etat de l'Empire ? Ils n'étoient pas sur ses terres quand ils ont été pris. Loin de faire aucun acte sur le territoire présent de l'Empire, ils n'y avoient pas même mis le pied lorsqu'ils ont été arrêtés non sur les terres de V. M. par ses officiers, mais en France par un général français. Est-ce la France qui leur reprochera un délit ? Quelle accusation le peuple français a-t-il intenté contre eux ? Et s'il existoit une accusation du peuple français contre les réprésentans, qui auroit le droit de la juger sinon le peuple français lui-même ? Les nations diverses qui habitent sur la surface du globe ne font-elles pas absolument indépendantes les unes des autres ? les individus qui ne sortent point du territoire de la nation dont ils sont membres, peuvent-ils appartenir à une autre nation qu'à la leur.

Les citoyens français, livrés par celui qui n'avoit la force en main que pour faire respecter leur caractère & leur mission, n'ignorent pas ce que l'on dit dans les couts des princes pour excuser les actes contraires au droit naturel & au droit des gens, lorsqu'on espère en tirer quelques avantages momentanés ; mais des hommes libres ne s'amusent pas à discuter les vains discours des flatteurs ; ils ont d'autres règles de conduite : & ces règles doivent aussi être celle des princes lorsqu'ils veulent être justes.

Les loix éternelles, écrites par la divinité dans le cœur de l'homme; l'opinion publique de tous les hommes qui habitent l'Europe, éclairés, attentifs, & qui prononcent chaque jour fur chaque partie des grandes événemens qui s'avancent & s'accumulent; le jugement plus tardif mais infaillible & févère de la poftérité: c'eft auprès de ces autorités impofantes qu'il faut placer la trahifon de Dumouriez & ce qui en eft la fuite. Que V. M. faffe ce rapprochement & juge enfuite comment vous pouvez retenir des citoyens français, que Dumouriez n'a pas pu vous livrer fans crime.

Ici fe termine le récit du témoin oculaire. En attendant que les commiffaires de la Convention & le miniftre de la guerre, qui font peut-être rendus à leur patrie dans ce moment, donneront eux-mêmes les détails ultérieurs de leur captivité & de leur délivrance, nous nous empreffons pour fatisfaire l'impatience des lecteurs qui s'intéreffent au fort de ces illuftres victimes, de leur donner au moins le précis de leur tranfportation, de leur détention & de leur retour.

Le 23 du mois de Mai 1793. ils fortirent des prifons de Mæftricht, d'où ils furent transférés par Aix-la-Chapelle, Cologne, Bonn & Coblence, & jettés dans les cachots d'Ehrenbreitftein, où ils n'eurent que quelques bottes de paille pour repofer, & n'obtinrent qu'avec peine quelque temps après un bois de lit avec un matelas, & la faculté de jouir

dans un court intervalle de l'air libre, après avoir
été dépouillé de ce qui leur reſtoit. Ils paſſèrent
de là par Francfort à Wirtzbourg, où pendant leur
ſéjour ils eurent la liberté de ſe promener publi-
quement. Enfin arrivés à Prague ils furent ſéparé.
J'ajoute que dans leurs voyages, comme dans celui
de Mons à Mæſtricht, ils furent ſouvent expoſés
aux huées des émigrés & des valets de cour ;
mais auſſi par ci par là conſolé par un vif intérêt
que leur témoignèrent à la dérobée les amis cachés
de la liberté en Allemagne.

Camus fut enfermé à Kœnigsgrætz. Bancal à Oll-
mutz. Quinette & Lamarque au Spielberg. Ils
eurent trois florins & demi par jour pour leur entre-
tien, mais qui ne leur furent point remis, & dont
on leur tint compte. Ils ne reçurent qu'avec peine
quelques livres, mais point à leur choix. On ne
leur donna ni encre ni plumes. Ils n'apprirent que les
revers de leurs compatriotes. Ce n'eſt qu'à la fin de
1794 qu'ils préſumèrent, d'après un traitement plus
favorable, les victoires remportées par les défenſeurs
de la République. En 1795 ils reçurent des lettres
de leurs parens, & on leur permit de leur répondre
ſous inſpection. Enfin l'échange connu ayant été con-
venu entre le gouvernement de la République fran-
çaiſe & la Cour impériale ils furent emmené au mois
d'Octobre de la même année à Fribourg en Brisgau ;
là, avec les autres priſonniers à échanger, ils furent
enfermé ſéparement les uns des autres dans une même
maiſon, où ils reſtèrent juſqu'au 4 Nivoſe de l'an 4
de la République (25 Déc. vieux ſtyle), d'où ils furent
tranſportés le 5 (26 Déc.) à Riechen, village ſitué

fur le territoire fuiffe à une lieue de Basle. Ils furent remis avec les officiers autrichiens, qui les efcortoient fous la fauve-garde du baillif de Riechen, fous laquelle ils reftèrent jufqu'au moment où la fille de Louis feize étoit également arrivée fur le territoire fuiffe. Alors ils furent enfin déclaré entiérement libre. Vive la République ! s'écrièrent-ils avec un fentiment déli- cieux inexprimable en fe voyant dans le fein de leur patrie — délivrée du double joug du defpotifme & de la tyrannie.